AF166449

Manfred Herrmann

(*19. 03.1952) in Munster, wohnt heute in Bad Nenndorf.

Der Beginn seiner Polizeilaufbahn startete in der Polizeischule Hannoversch-Münden am 01.10.1968, danach ging seine weitere Ausbildung in der Bereitschaftspolizei Braunschweig weiter.
Nach Übernahme zur Kriminalpolizei von 1980 – 1982 arbeitete er als Sachbearbeiter in der Sitte (Prostitution, Glücksspiel, Pornografie).
Weiter ging es 1982 – 1990 in der allgemeinen Sitte (Sexualdelikte, sexueller Missbrauch von Kindern).
Seit 1990 war Herrmann beim Landeskriminalamt Hannover als Mitglied der Brandursachenkommission und von 1992 bis 31.03.2013 im LIZ tätig (Lage- und Informationszentrum).
Jetzt ist der Autor seit dem 01.04.2013 im Ruhestand.

Vollständige Vita siehe am Ende des Buchs

www.weisser-ring.de - www.manfred-herrmann.de

Orientalische Rezepte
Kulinarische Köstlichkeiten
aus 1001 Nacht

Text: © 2014 Jutta Schütz

Hören wir das Wort „Orient", verbinden wir es stark mit arabischen Ländern, orientalischem Essen und Tanz. Die orientalische Küche hat auch bei uns viele Anhänger gefunden. Das ist kein Wunder, schließlich sorgen die unterschiedlichen Gewürze und Geschmacksrichtungen für ordentliche Abwechslung auf dem Speiseplan.

❖ Wissenswertes über den Orient:
Der Orient zieht sich fast um den halben Globus und umfasst den Nordafrikanischen Raum, den Nahen Osten und den Mittleren Osten. Die drei Weltreligionen, Christen- und Judentum und der Islam haben ihre Ursprünge im Orient.

❖ Zu den orientalischen Ländern zählen:
Afghanistan, Algerien, Ägypten, Bahrain, Iran, Irak, Israel, Jemen, Jordanien, Katar, Kuwait, Libanon, Libyen, Marokko, Mauretanien, Oman, Pakistan, Palästina, Saudi-Arabien, Somalia, Syrien, Sudan, Tunesien, Türkei, Vereinigte Arabische Emirate.

❖ Mit ihren Gerüchen von:
Safran, Cayennepfeffer, Zimt, Kurkuma und Koriander ist die orientalische Küche ein wahres Feuerwerk für unsere Sinne. Es werden Mandeln, Feigen, Datteln, Pistazien und Hülsenfrüchte angebaut. Bohnen, Linsen, und Kichererbsen dienen als Grundnahrungsmittel. Die orientalische Küche ist einfach märchenhaft.

Feurige Gewürze, der Duft von orientalischen Gewürzen sowie geschmortes Fleisch und Gemüse zaubern einen Hauch von „1001 Nacht".

Die Erzählungen von 1001 Nacht sind weit mehr als nur Märchen für Kinder

Text: © 2014 Jutta Schütz

Die Geschichte von „Scheherazade" basiert auf einer alten persischen Märchensammlung mit dem Namen „Hezâr Afsâna, Tausend Mythen".

Das Märchen von 1001 Nacht ist eine Rahmengeschichte, in die Einzelerzählungen verwoben sind. Die Hauptfiguren sind die Geschichtenerzählerin Scheherazade, und der grausame König Schariyar.

Schariyar, der von seiner Frau mit einem schwarzen Sklaven betrogen wurde, fasst den Entschluss, sich nie wieder von einer Frau betrügen zu lassen. Aus diesem Grunde heiratet er jede Nacht eine Jungfrau seines Reiches, die er am nächsten Tag töten lässt.
Auch Scheherazade ist vom König zum Tode verurteilt worden.
Sie beginnt in der Nacht dem König eine Geschichte zu erzählen, deren Handlung im Morgengrauen abbricht.
Neugierig auf das Ende geworden, lässt der König sie am Leben und verschiebt die Hinrichtung.
Scheherazade wird dabei von ihrer Schwester Dinharazade unterstützt, die sich neue Geschichten ausdenkt.

Dieses Spiel wiederholt sich 1001 Nächte lang, bis der König ein Einsehen hat. In dieser Zeit gebärt Scheherazade dem König drei Kinder.
Am Ende ist der König von der Klugheit und Treue seiner Frau überzeugt und lässt sie am Leben.

© 2014 Manfred Herrmann

© 2014 Herstellung und Verlag:
BoD – Books on Demand, Norderstedt

© 2014 Buch-Idee, Umschlaggestaltung, Illustration, Satz:
Jutta Schütz
Webseite: http://www.jutta-schuetz-autorin.de/
E-Mail: info.jschuetz@googlemail.com

© 2014 Foto Manfred Herrmann

ISBN: 9783734736964

Bibliografische Information der Deutschen Nationalbibliothek:
Die Deutsche Nationalbibliothek verzeichnet diese Publikation in der Deutschen Nationalbibliografie; detaillierte bibliografische Daten sind im Internet über http://dnb.d-nb.de abrufbar.

MIX
Papier aus verantwortungsvollen Quellen
Paper from responsible sources
FSC
www.fsc.org
FSC® C105338

Manfred Herrmann

Scheherazades

Orientalisch eingefärbte Hausmannskost

Ein Hauch von 1001 Nacht

Jeder Autor ist selbst verantwortlich für seine Rezepte!

Inhaltsverzeichnis

Kartoffelbrei

Zutaten:

- 4 – 5 mittelgroße Kartoffeln
- Salz
- Cayennepfeffer
- Ein kleines Stück Butter
- Muskatnuss
- 5 Zehen Knoblauch
- Milch
- 3 – 4 Prisen gemahlener Ingwer

Zubereitung:

Salzkartoffeln kochen und das Wasser abgießen. Danach mit einem Kartoffelstampfer die Kartoffeln zerdrücken, bis keine Stücke mehr erkennbar sind.

Den Knoblauch schälen und mit einer Knoblauchpresse zerdrücken, auf die Kartoffeln geben. Mit Salz, Cayennepfeffer, Ingwer und Muskatnuss würzen. Ein Stück Butter zur Verfeinerung dazugeben. Etwas Milch aufgießen und die Kartoffeln kräftig durchrühren oder stampfen, bis es einen sämigen Brei ergibt. Auf einem Teller anrichten.

Tipp: Übrig gebliebener Kartoffelbrei kann in der Pfanne angebraten werden. Schmeckt sehr gut!

Bratkartoffeln

Zutaten:

- 4 – 5 mittelgroße Kartoffeln
- Margarine zum Braten
- 1 Zwiebel
- Salz
- Cayennepfeffer
- Chilipulver
- 100 g Schinkenwürfel

Zubereitung:

Salzkartoffeln kochen und das Wasser abgießen. Die Kartoffeln in Scheiben schneiden. Zwiebeln schälen und in kleine Würfel schneiden.

In einer Pfanne Bratenfett erhitzen. Die Zwiebeln und Schinkenwürfel in die Pfanne geben und anbräunen.

Dann die Kartoffelscheiben dazugeben. Mit Salz, Cayennepfeffer und Chilipulver würzen. Die Kartoffelscheiben von allen Seiten gut anbraten, bis sie kross sind.

Auf dem Teller servieren.

Tipp: Als Beilage zu Bratkartoffeln eignet sich eine Gewürzgurke.

Kartoffelsalat

Zutaten:

- 8 – 10 mittelgroße Kartoffeln
- 1 Mittelgroße Zwiebel
- 2 mittelgroße eingelegte Gurken
- etwas Gurkensaft
- Radieschen
- Salz
- Cayennepfeffer
- Chilipulver
- 3 – 4 EL Mayonnaise
- 3 – 5 Zehen Knoblauch
- 1 hartgekochtes Ei
- etwas Petersilie
- ½ TL gemahlener Koriander

Zubereitung:

Kartoffeln wie bei den Bratkartoffeln (siehe Seite vorher) kochen, in Scheiben schneiden und in eine Schüssel geben.

Zwiebeln schälen und in Würfel schneiden, dazugeben.

Die Gurken klein schneiden, die Radieschen waschen und in Scheiben schneiden, die Knoblauchzehen schälen und auch in kleine Würfel schneiden – alles in die Schüssel geben und vermengen.

Mit Salz, Koriander, Cayennepfeffer und Chilipulver würzen. Etwas Gurkensaft aus dem Gurkenglas und danach 3 EL Mayonnaise unterrühren. So lange rühren, bis alle Zutaten gut durchgemischt sind.

Das hartgekochte Ei in vier Teile schneiden und den Salat zur Garnierung belegen.

Ebenso die Petersilienblätter auf dem Salat platzieren.

Warmer Kartoffelsalat

Zutaten:

- Wie der normale Kartoffelsalat!
- 1 Tasse gekörnte Brühe

Zubereitung:

Der warme Kartoffelsalat wird genauso zubereitet, wie der zuvor erwähnte Kartoffelsalat, allerdings wird dieser nicht mit Gurkenwasser aufgegossen und nicht mit Mayonnaise verrührt.

Stattdessen wird der gut durchgemischte Salat mit einer Tassenfüllung gekörnte heiße Brühe übergossen und verrührt.

Wenn der Salat noch zu trocken sein sollte, noch etwas heiße Brühe nachgießen.

Der Kartoffelsalat wird warm serviert.

Orientalisches Tzatziki

Zutaten:

- 250 g Sahnequark (40%)
- 250 g Magerquark (20%)
- 250 g griech. Joghurt (10%)
- ¼ St. Grüne Gurke
- 10 Zehen Knoblauch
- 2 – 3 EL Olivenöl
- Salz
- ½ TL gerebelte Minze

Zubereitung:

Die grüne Gurke in dünne Scheiben, dann die Scheiben in sehr kleine Würfel schneiden.

Die Knoblauchzehen schälen und mit der Knoblauchpresse in eine Schüssel pressen. Alternativ den Knoblauch sehr klein würfeln.

Den Quark, den Joghurt, die Gurkenstückchen und den Knoblauch in die Schüssel geben und gut verrühren.

Olivenöl unterrühren und mit Salz und der Minze abschmecken.

Den Tzatziki ein paar Stunden stehen lassen und dann erneut gut durchrühren.

Tipp: Schmeckt hervorragend zu Grillfleisch und Rinder-Bratwurst, pp.

Aioli

Zutaten:

- ¼ L Speiseöl
- ½ TL Salz
- 4 Knoblauchzehen
- 1 Spritzer Zitronensaft
- 1 Ei
- 2 Priesen gemahlener Koriander

Aioli oder Allioli ist eine aus dem Mittelmeerraum stammende kalte Creme, die vor allem aus Knoblauch, Olivenöl und Salz besteht. Aioli wird als Vorspeise mit Brot oder Oliven sowie als Beigabe zu Fleisch, Fisch und Gemüse serviert. Quelle: Wikipedia

Zubereitung:

Das Speiseöl (z. B. Sonnenblumenöl), das Salz und der Zitronensaft werden in einen Mixbecher gegeben. Die Knoblauchzehen werden geschält und mit einer Presse gepresst und ebenfalls in den Becher gegeben.

Nun wird ein rohes Ei aufgeschlagen und das Eiweiß und Eigelb dazugetan.

Achtung: Das Ei sollte zimmerwarm sein und nicht direkt aus dem Kühlschrank genommen werden, da es sonst nicht stockt!

Mit einem Pürierstab wird nun alles ca. 1 Minute aufgemixt. Es entsteht eine feste Masse.

Tipp: Sollte die Masse widererwarten einmal nicht fest werden, gibt man ein zweites Ei dazu und mixt erneut ca. 1 Minute auf.

Eignet sich auch hervorragend zu Grillfleisch und Bratwurst, pp.

Eiersalat

Zutaten:

- 6 hartgekochte Eier
- 3 Scheiben Chorizo
- ½ kleine Zwiebel
- 3 EL Mayonnaise
- Salz
- Chilipulver
- Olivenöl

Zubereitung:

Die hartgekochten Eier mit dem Eierschneider längs und quer schneiden und in eine Schüssel geben.

Die Chorizoscheiben in der Pfanne kross anbraten. Dann in kleine Stückchen schneiden und zu den Eiern tun.

Eine kleine Zwiebel schälen und die Hälfte davon in kleine Würfel schneiden – dazugeben.

Salz, Chilipulver nach Geschmacksschärfe und einen Spritzer Olivenöl zugeben.

Mayonnaise unterrühren. Alles ordentlich vermengen und zwei Stunden ziehen lassen.

Vor dem Servieren noch einmal durchrühren.

Tipp: Wenn man gerne Knoblauch mag, kann man auch ein paar Knoblauchzehen dazugeben. Als Beilage empfiehlt sich ein frisches Baguette.

Wurst-Käsesalat

Zutaten:

- 125 g Sucuk

- 125 g Spanischer Manchego, mittelalt (Schafsmilchkäse)

- 1 kleine Zwiebel

- Olivenöl

- Weißen Balsamico-Essig

- Salz

- Chilipulver

- 3 Zehen Knoblauch

- 3 Prisen Kurkuma

Zubereitung:

Die Sucuk in dünne Scheiben schneiden und in eine Schüssel geben. Dazu den Käse grob hobeln oder in mundgerechte Teile schneiden.

Die Zwiebel schälen und in dünne Scheiben schneiden oder würfeln und mit in die Schüssel geben.

Ebenso den Knoblauch schälen und in kleine Würfel schneiden und dazugeben.

Salz und Chilipulver (vorsichtig verwenden) mit der Wurst vermengen und dann einen "Schuss" Olivenöl und Balsamico-Essig hinzugeben.

Alles gut verrühren und danach zwei Stunden einziehen lassen.

Vor dem Servieren noch einmal durchrühren.

Tipp: Dazu passt ein frisches Baguette.

Tomatensalat

Zutaten:

- 2 mittelgroße Tomaten
- 1 kleine Zwiebel
- 6 – 8 kleine Champignons
- Balsamico-Essig
- Olivenöl
- Pfeffer
- Salz
- Rosmarin
- Thymian
- 1 Priese Zucker
- ½ TL gerebelte Minze

Zubereitung:

Tomaten in kleine Stücke schneiden und in eine Schale geben. Die Zwiebel schälen und in Würfel schneiden. Zu den Tomaten geben. Champignons abbürsten, die Stängel entfernen und vierteln. Ebenfalls in die Schale geben.

Nach Belieben Olivenöl, Balsamico-Essig, Salz, Pfeffer, Rosmarin, Thymian, Minze und eine Priese Zucker dazugeben und gut vermengen.

Als Beilage bietet sich Baguette an. Nach Belieben können auch noch Mozzarella oder Schafskäsewürfel hinzugegeben werden

Tipp: Dieses Rezept ist von meinem Sohn Malte, der studiert und einen Singlehaushalt hat. Er macht sich den Tomatensalat oft, da er sehr schmackhaft ist!

Rucola-Salat

Zutaten:

- 1 Schale Rucola
- Pro Person 2 Ziegenkäsetaler
- Für jeden Käsetaler eine Scheibe Bacon
- ½ Zwiebel
- Olivenöl
- Balsamico-Essig
- Salz
- Pfeffer

Zubereitung:

Den Rucola-Salat gut waschen und in eine Schüssel geben. Die Zwiebel schälen und in kleine Würfel schneiden – dazugeben. Mit Olivenöl, Balsamico-Essig, Salz und Pfeffer verfeinern. Gut verrühren.

Vor dem Servieren die Ziegenkäsetaler je mit einer Scheibe Bacon umwickeln und im Backofen kurz erwärmen. Auf den Salat platzieren.

Baguette eignet sich als Beilage.

Tipp: Wenn man dem Salat frische Champignons (bürsten, Stängel abschneiden, vierteln) zugibt, verfeinert man den Geschmack erheblich.

Thunfischsalat

Zutaten:

- 1 Dose Thunfisch
- ½ Tomate
- ¼ Paprika
- ¼ kl. Zwiebel
- 4 Oliven (grüne oder schwarze)
- 50 g Schafskäse
- Olivenöl
- Balsamico-Essig
- 3 Prisen Kurkuma

Zubereitung:

Dose Thunfisch öffnen und den Saft abgießen. Fischfleisch in eine Schüssel geben.

Die Tomate, Paprika (Farbe egal) und die Zwiebel in kleine Würfel schneiden und dazugeben. Die Oliven entkernen und ebenfalls in kleine Stücke schneiden, mit in die Schüssel geben.

Mit Balsamico-Essig, Olivenöl und Gewürze abschmecken und gut durchrühren.

Vor dem Servieren den Schafskäse grob bröseln und auf dem Thunfischsalat verteilen.

Tipp: Schmeckt auch sehr gut als Aufstrich auf Brot.

Petersiliensalat/Taboulé

Zutaten:

- 2 Bund breitblättrige Petersilie
- 5 Zehen Knoblauch
- 1 mittlere Tomate
- Olivenöl
- Salz
- Cayennepfeffer
- 1 TL Zitronensaft
- 1 TL Zucker
- 1 EL Schnittlauch
- 1 TL gerebelte Minze

Zubereitung:

Petersilie waschen und sehr klein hacken – in eine Schale geben. Den Knoblauch schälen und auch sehr fein hacken und in die Schale geben.

Ebenso die Tomate in kleine Stückchen schneiden und auch dazugeben. Mit Salz, Cayennepfeffer, Minze und einen Spritzer Olivenöl abschmecken und umrühren. Nun den Saft der Zitrone und einen Teelöffel Zucker mit vermengen.

Zum Servieren etwa eine Handvoll geschnittenen Schnittlauch als Garnierung drüberstreuen.

Tipp: Der Salat eignet sich auch sehr gut als Beilage für viele Hauptgerichte.

Eisbergsalat mit Sucuk

Zutaten:

- ½ Eisbergsalat (oder Salatherzen, Endiviensalat, pp)
- 8 – 10 Scheiben Sucuk
- 1 kleine Zwiebel
- ½ Paprika (Farbe egal)
- 1 Tomate
- Olivenöl
- Balsamico-Essig
- 3 milde Peperoni
- 100 g Schafskäse

Zubereitung:

Den Eisbergsalat in Streifen (mundgerechte Größe) schneiden, gut abwaschen und in einem Küchensieb abtropfen lassen.

Nach dem Abtropfen in eine Schüssel geben.

Die Zwiebel schälen und in Würfel schneiden.

Die Paprika und Tomate ebenfalls in mundgerechte Stücke schneiden. Die Sucuk-Scheiben vierteln. Alles in die Schüssel geben.

Mit einem „Schuss" Olivenöl und Balsamico-Essig marinieren.

Alles mit einem Salatbesteck gut durchrühren.

Die Peperoni und den Schafskäse als Garnierung darauflegen.

Tipp: Dazu eignet sich Baguette oder Brötchen.

Orientalische Bohnensuppe

Zutaten:

- 1 große Dose Weiße Bohnen
- 1 große Dose geschälte Tomaten
- 2 Sucuk
- 2 Rauchenden
- 250 g Zwiebeln
- ½ Knolle Knoblauch
- 2 Paprika (rot und grün)
- 3 getrocknete Chilischoten

Zubereitung:

Die Würste in Scheiben schneiden, die zwiebeln schälen und achteln. Alles in einen größeren Topf geben und mit Öl kräftig anbraten.

Danach die Bohnen und die Tomaten zugeben.

Knoblauch schälen und in kleine Stücke schneiden.

Die Paprika waschen und ebenfalls in mundgerechte Stücke schneiden. Knoblauch und Paprika in den Topf geben.

Die Zutaten mit Wasser begießen, bis sie knapp bedeckt sind. Nun ca. 1 Stunde köcheln lassen.

Tipp: Die Suppe schmeckt erst beim zweiten Aufkochen richtig gut! Dazu kann man Baguette essen.

Kartoffelsuppe

Zutaten:

- 1 kg Kartoffeln
- 2 EL Butter
- ½ l Milch
- 150 g Bacon
- 1 große Zwiebel
- 1 Sucuk (ca. 150 g)
- Salz
- Cayennepfeffer
- 3 – 5 Knoblauchzehen
- Petersilie
- 1/3 TL gemahlener Ingwer
- 2 Prisen gemahlene Muskatblüte

Zubereitung:

Kartoffeln schälen und als Salzkartoffeln kochen, dann das Wasser abgießen.

Während der Kochzeit Zwiebeln schälen und in Würfel schneiden, den Bacon in dünne Scheiben schneiden. Beides mit Butter scharf in einer Pfanne kross anbraten.

Kartoffeln im Topf stampfen. Die Butter unter die gestampften Kartoffeln geben und die Milch schluckweise dazu gießen und kräftig umrühren, bis es eine Suppe ergibt.

Den Knoblauch schälen und in kleine Würfel schneiden - in die Suppe geben.

Nun die Bacon-Zwiebelmischung hineingeben, mit Salz und Cayennepfeffer und Muskatblüte abschmecken.

Die Sucuk in dünne Scheiben schneiden und ebenfalls dazugeben.

Die Suppe noch einmal erhitzen.

Zur Dekoration beim Servieren die Petersilie drüberstreuen.

Tipp: Die Suppe schmeckt erst richtig gut, wenn sie aufgewärmt wird.

Hühnersuppe

Zutaten:

- 400 g Hähnchengeschnetzeltes
- 1 Stange Porree
- 20 g Ingwer
- 3 mittelgroße Möhren
- 1 kleines Glas Silberzwiebeln
- Salz
- Oregano
- Cayennepfeffer
- Currypulver
- Spritzer Tabasco

Zubereitung:

Die Hähnchenteile in einen Topf mit Wasser geben. Dazu Salz, Cayennepfeffer geben.

Den Ingwer schälen und in ganz kleine Stücke schneiden, in den Topf geben. Den Porree waschen und in Scheiben schneiden – dazugeben. Die Möhren schälen und in Scheiben schneiden – ebenfalls in den Topf geben.

Nun das Glas Silberzwiebeln – ohne Flüssigkeit – in den Topf geben.

Die Suppe ca. 30 – 45 Minuten köcheln lassen.

Dann mit Oregano, Curry und einem Spritzer Tabasco würzen.

Überbackener Schafskäse

Zutaten:

- 1 handelsübliche Packung Schafskäse
- 5 Scheiben Zwiebelringe
- 4 Scheiben grüne Gurke
- 3 Scheiben Tomaten
- 3 Zehen Knoblauch
- 3 – 5 Oliven
- Chilipulver
- Olivenöl

Zubereitung:

Den Schafskäse in eine ofenfeste Auflaufform legen. Darauf die Zwiebelringe, die Gurken- und die Tomatenscheiben und die Oliven legen.

Den Knoblauch schälen und in dünne Scheiben schneiden und auf dem Käse verteilen.

Darüber Chilipulver streuen. Zum Schluss alles mit einem guten Spritzer Olivenöl übergießen.

Die Form in den vorgeheizten Backofen geben und bei 170° Ober- und Unterhitze (150° Umluft) ca. 15 Minuten backen.

Der Käse ist fertig, wenn das Öl anfängt zu sprudeln.

Vorsicht: Die Form ist sehr heiß!

Tipp: Mit Baguette lässt sich hervorragend das Öl auf dippen.

Chorizo mit Spiegelei

Zutaten:

- 4 Scheiben Chorizo

- 2 Eier

- 2 Zehen Knoblauch

- Cayennepfeffer

- Salz

- 1 EL Butter oder Margarine

- eingelegte Gurke

Zubereitung:

Als Beilage empfehlen sich entweder Salzkartoffeln oder Kartoffel-brei. Diese sollten zuvor gekocht werden. Die Wurstscheiben in einer Pfanne mit Bratenfett schön Kross anbraten. Die Eier nacheinander anschlagen und aus der Schale heraus in die Pfanne, auf die Wurst-scheiben, geben, so dass Spiegeleier entstehen. Die Eier mit Cayenne-pfeffer und Salz würzen. Den Knoblauch schälen und in Scheiben auf die Eier geben. Serviert werden die Eier mit der Chorizo auf den Kar-toffeln. Nun zerlässt man die Butter (oder Margarine) in der Pfanne und übergießt das Gericht mit dem Fett als Soße.

Tipp: Dazu schmeckt eine Gewürzgurke.

Merguez

Zutaten:

- 1 Merguez–Bratwurst

- Senf oder Ketchup

Zubereitung:

Die Merguez-Bratwurst wird in der Pfanne mit Bratenfett gebraten, bis sie braun und durchgebraten ist.

Zur Bratwurst eignet sich unterschiedlicher handelsüblicher Senf oder Ketchup.

Als Beilagen empfehlen sich: Kartoffeln, Kartoffelbrei, Kartoffelsalat oder Brot.

Chili Beans

Zutaten:

1 kleine Dose Chili Beans

2 Eier

Silberzwiebeln

Zubereitung:

Die Dose Chili Beans öffnen und in einen Topf geben und ohne zu kochen erwärmen.

Zwischenzeitlich 2 Spiegeleier braten.

Die warmen Beans auf einem Teller anrichten und die Spiegeleier darüberlegen.

Dazu Silberzwiebeln zum Garnieren mit auflegen.

Rührei mit Sucuk

Zutaten:

- 8 Scheiben Sucuk
- 3 Eier
- ¼ einer kleinen Zwiebel
- Schnittlauch
- Salz
- Chilipulver

Zubereitung:

Von der Sucuk-Wurst 8 Scheiben abschneiden, die Scheiben dann noch vierteln und in der Pfanne mit Bratenfett anbraten. Die Zwiebel schälen und in kleine Würfel schneiden – mit in die Pfanne geben.

Den Schnittlauch in 1 cm lange Stücke schneiden und ebenfalls in die Pfanne geben. Die Eier anschlagen und in die Pfanne geben. Mit Salz und Chilipulver würzen. Das Gemenge in der Pfanne mit einem Pfannenwender ständig in Bewegung halten, bis das Ei feste Konsistenz hat.

Als Beilage empfiehlt sich hier Brot.

Tipp: Zur Garnierung kann man Gurkenscheiben, eingelegte Gurken, Silberzwiebeln, Radieschen und vieles Mehr nehmen.

Hähnchen im Römertopf

Zutaten:

- 1 ganzes Hähnchen (etwas über 1000 g)
- 1 Tasse Hühnerbrühe (instant)
- Olivenöl
- Salz
- Pfeffer
- 1 TL Honig (flüssig)
- Balsamico-Essig
- Spritzer Zitrone
- Chilipulver
- 1 Glas Rotkohl

Zubereitung:

Das Hähnchen von innen und außen waschen und mit einem Papiertuch trockentupfen.

Zunächst eine Marinade herstellen. Dazu nimmt man eine Untertasse, gießt eine kleine Menge Olivenöl auf den Teller. Gibt Salz, Pfeffer und das Chilipulver dazu. Nun ein Teelöffel Honig darauf geben. Ein wenig Balsamicoessig und einen Spritzer Zitronensaft. Alles wird nun ordentlich vermengt.

Mit einem Lebensmittelpinsel wird nun das Hähnchen mit der Marinade rundherum eingepinselt. Nun lässt man das Hähnchen 1-2 Stunden ruhen.

Vor dem Braten werden der Römertopf und der Deckel mit Wasser gefüllt und 10 Minuten stehen gelassen. Er wird gewässert, damit sich die Tonporen verschließen und somit nicht im Ofen kaputtgeht. Nachdem das Wasser ausgegossen ist, füllt man eine Tasse heiße Hühnerbrühe in den Römertopf.

Das Hähnchen wird noch einmal mit Marinade eingestrichen und dann mit der Brustseite in den Topf – in die Brühe gelegt.

Der Römertopf wird in den kalten Backofen gestellt. Man stellt nun die Temperatur auf 180°(Umluft) ein und schaltet den Backofen an (Ober- und Unterhitze 200°). Man lässt den Vogel nun 50 – 60 Minuten braten. Danach nimmt man den Topfdeckel ab, um zu sehen, ob der Hahn braun ist. Sollte dies nicht der Fall sein, lässt man den Deckel ab und brät weitere 15 Minuten, bis das Hähnchen schön braun und gar ist. Nun gießt man den Rotkohl in einen Topf mit etwas Butter und lässt den Kohl langsam erwärmen. Ist das Hähnchen knusprig gebraten, wird es auf ein Schneidebrett gelegt, wo es mit einer Geflügelschere (oder einem großen Kochmesser) vom Hinterteil her zum Hals in zwei Teile geschnitten wird.

Man serviert das halbe Hähnchen auf einem großen Teller. Dazu kommt der Rotkohl. Als Beilage empfiehlt sich Baguette. Da beim Braten mit dem Römertopf keine Soße entsteht, kann als Alternative eine Geflügelfertigsoße hergestellt werden.

Tipp: Um die Reste besser entsorgen zu können, stelle ich einen tiefen Teller mit auf den Tisch, in dem man die Knochen und andere Reste ablegen kann.

Geflügelgeschnetzeltes

Zutaten:

- 400 g Hähnchen-/Putengeschnetzeltes
- 200 g Champignons
- 5 – 7 Oliven
- ½ kleine Zwiebel
- Salz
- Cayennepfeffer, Kurkuma
- Sahne

Zubereitung:

Geflügelgeschnetzeltes waschen und mit einem Küchentuch trockentupfen. Die ½ Zwiebel schälen und in 8 Teile schneiden. Die Champignons bürsten und die Stiele entfernen, in grobe Streifen schneiden.

Das Geflügelfleisch in heißes Bratenfett in die Pfanne geben und kross anbraten. Die Zwiebeln dazugeben und ebenfalls ordentlich anbraten. Die Oliven in kleine Stückchen schneiden und in die Pfanne geben. Dann die Champignons hinzutun und mit Salz und Cayennepfeffer würzen. Einen Schuss Süße Sahne über das Gemenge gießen und unterrühren. Noch einmal alles kurz aufkochen lassen.

Als Beilage eignet sich sehr gut Baguette und selbstgemachter Tzatziki.

Pilze mit Zwiebeln

Zutaten:

- 300 g Champignons
- 1 kleine Zwiebel
- 100 g Bauchspeck
- Salz
- Cayennepfeffer
- Kurkuma

Zubereitung:

Die Pilze bürsten, die Stiele entfernen und in grobe Scheiben schneiden.

Die Zwiebel schälen und in kleine Würfel schneiden.

Bei Bedarf, den Bauchspeck in Würfel schneiden.

Die Pfanne wird mit Bratenfett aufgeheizt.

Wenn man Speck benutzt, muss dieser zuerst in die Pfanne.

Ansonsten gibt man die Pilze und die Zwiebeln zusammen hinein. Die Pilze werden gut angebraten und dann mit Salz und Cayennepfeffer gewürzt.

Als Beilage eignen sich Brötchen, die mit den Pilzen belegt werden.

Rührei mit Garnelen

Zutaten:

- 6 Eier

- 150 g Garnelen (oder Krabben)

- ¼ einer kleinen Zwiebel

- etwas Milch

- Salz

- Chilipulver

- Oliven

- 2 Zehen Knoblauch

Zubereitung:

In eine Rührschüssel die Eier einschlagen, die Garnelen (Krabben), die geschälten und gewürfelten Zwiebeln, sowie die kleingehackten Oliven mit etwas Milch in die Schüssel geben.

Ebenso die geschälten und kleingehackten Knoblauchzehen dazutun.

Mit Salz und Cayennepfeffer würzen und alles ordentlich verrühren.

Das Bratenfett in der Pfanne muss heiß sein.

Nun den Inhalt aus der Schüssel unter ständigem Rühren mit einem Kochlöffel oder Pfannenwender langsam in die Pfanne fließen lassen. So lange rühren, bis die Eier eine feste Konsistenz erreicht haben.

Zur Garnierung kann eine Gewürzgurke, eine Tomate oder Baguette gereicht werden.

Alibabas Räuber Lamm Eintopf (© 2014 Jutta Schütz)

Rezept aus dem Buch: Scheherazades Low Carb Rezepte

Zutaten:

- ➢ 500 g Lammfleisch
- ➢ 2 Zwiebeln
- ➢ 150 g Aubergine
- ➢ 50 g Datteln
- ➢ ½ Zitrone
- ➢ 2 EL Olivenöl
- ➢ ½ TL Salz
- ➢ 2 – 3 Prisen Pfeffer
- ➢ ½ TL Currypulver
- ➢ 1 Zimtstange
- ➢ 500 ml Gemüsebrühe
- ➢ 2 Zweige Thymian
- ➢ 1 Lorbeerblatt

Zubereitung: Das Lammfleisch abspülen, trocken tupfen und in Würfel schneiden. Aubergine waschen, putzen und in Stücke schneiden. Zwiebeln schälen und fein würfeln. Datteln entkernen und klein schneiden. Zitronenschale ab raspeln und die Frucht auspressen.

Einen hohen Bräter heiß werden lassen, das Olivenöl darin erhitzen und das Fleisch knusprig anbraten, würzen und bei Seite stellen. Gemüse im Bratenfond anbraten, die Gewürze, Fleisch und Datteln zugeben und die Gemüsebrühe dazu geben. Alles aufkochen und zirka 25 Minuten schmoren lassen.

Zitronenschale, den Saft und Thymian hinzugeben. Weitere 25 Minuten leicht schmoren lassen. Zimtstange und Lorbeerblätter herausnehmen. Lamm-Topf abschmecken.

50

Vita-Fortsetzung „Manfred Herrmann"

A us der Tätigkeit in der „Sitte" und die gewonnenen Erkenntnisse kam der Wunsch, hierzu, ein Buch – einen Roman – zu schreiben.

So entstand „BIGGI Im Schatten der Nacht"

Motivation: Während meiner Dienstzeit in der Abteilung „Sitte" habe ich umfangreiche Kenntnisse über das Leben und die Gepflogenheiten im Prostituierten- und Zuhältermilieu erlangt. Durch viele Gespräche mit den Prostituierten habe ich die Not und Verzweiflung der Frauen erfahren und kennengelernt. Zu Beginn ihrer „Karriere" glauben die Frauen noch daran, nach einiger Zeit einen Ausstieg aus der Prostitution zu finden und wieder in das bürgerliche Leben zurückkehren zu können. Die große Enttäuschung kommt dann aber allmählich. In der Regel machen fast alle in diesem Gewerbe den von mir gezeichneten Werdegang in den seelischen, körperlichen und gesellschaftlichen Sumpf mit. Nur einzelne Frauen sind in der Lage, sich selbst aus diesem Teufelskreis zu befreien. Die Frauen in diesem Beruf sind das schwächste Glied einer Kette in diesem Milieu. Sie werden von den Kunden und auch von den Zuhältern schikaniert, geschlagen, erniedrigt und unmenschlich behandelt. In unserer Gesellschaft herrscht auch heute noch häufig die Ansicht vor, dass das Prostitutionsmilieu aus „Glitter, Glamour, Schampus und Porsche" besteht. Dem ist leider nicht so.

Der von mir verfasste Roman zeigt wahrheitsgemäß das Leben im Milieu. Um eine abschreckende Wirkung zu erhalten, habe ich die Sprache des Milieus versucht zu übernehmen. Der Inhalt des Buchs mag sehr hart erscheinen. Er ist hart und das Leben in der Prostitution ist hart! Der Leser, dem alles dieses meist nicht bekannt sein dürfte, soll aufgefordert werden, sich mit der Thematik zu befassen und das Thema Prostitution nicht wie bisher verharmlosen. Ich wünsche mir, dass gerade Eltern von minderjährigen Kindern dieses Buch bewusst lesen, um ein mögliches Abgleiten ihrer Kinder in die Prostitution verhindern zu können. Viele glauben, ihnen passiert so etwas nicht. Ich kann nur sagen, dass der Einstieg in die Prostitution aus allen Gesellschaftsschichten erfolgt. Weiter hege ich die Hoffnung, dass auch Prostituierte dieses Buch lesen und vielleicht erkennen, was ihnen dieses Leben noch bereithält und sie die Erkenntnis bekommen, rechtzeitig auszusteigen. Ich bin kein Pastor oder Sozialarbeiter, jedoch gehen meine Erfahrungen über die Prostitution noch weit über dieses Buch hinaus. Seit meiner Pensionierung zum 01.04.2013 habe ich mich einer neuen Aufgabe zugewandt. Aufgrund meiner beruflichen Vorkenntnisse habe ich viel Leid im Bereich „Häusliche Gewalt", " Sexuellem Missbrauch" und das Leid der Opfer nach erheblichen Straftaten kennengelernt. Das brachte mich dazu, mich ehrenamtlich dem Weissen Ring im Landkreis Schaumburg zur Verfügung zu stellen. Meine Aufgabe besteht darin, nach Möglichkeit den Opfern von Straftaten zu helfen.

Der Weisse Ring ist ein bundesweit agierender Opferhilfeverein, der auf ehrenamtlicher Basis hilft! Die Hilfen können darin bestehen, dem Opfer Wege aufzuzeigen, wie sie ihre traumatischen Erlebnisse bewältigen können, indem man einfach nur zuhört, eine anwaltliche Beratung ermittelt, psychologische Betreuung gewährleistet, Behördengänge begleitet und auch eine Gerichtsbegleitung organisiert. Es können auch ggf. finanzielle Hilfen gewährt werden. Dabei können auch Umzugskosten, eventuell die Bezahlung eines Urlaubes zur Aufarbeitung einer Sachlage und auch gezielte finanzielle Hilfen übernommen werden.

Bei der Umsetzung meines Buches danke ich ganz herzlich meiner „Mentorin Jutta Schütz", die sich viel Zeit genommen hat, ein gutes Cover zu entwerfen und meinen Text in die richtige Form zu bringen. Ich wünsche uns allen mit der Serie Scheherazade viel Erfolg.
Mit besten Grüßen von Manfred Herrmann

ISBN 978-3-86850-824-6 und E-Book: ISBN 978-3-86850-823-9

Verlag tredition, Hamburg

Buchrezension: BIGGI – Im Schatten der Nacht

© 2012 Jutta Schütz

D as Buch ist eine anregende Momentaufnahme über ein uraltes Thema der Menschheit. Die Sexarbeit ist in der Gesellschaft ein Tabuthema und wird gerne verschwiegen, und doch ist sie in der Gesellschaft allgegenwärtig.

Stilsicher, schonungslos offen und ehrlich schildert Herrmann das Milieu und „Biggi's" Leben. Er beschreibt sehr realistisch viele verschiedene Blickwinkel und Lebenseinstellungen des Mädchens und es wird weder ein Pretty Woman noch ein tragisches Sozialdrama dargestellt. Auch macht der Autor aufmerksam auf die dunkle Seite unserer Gesellschaft, von der sich die meisten distanzieren, obwohl sie mehr als Gegenwärtig ist: Prostitution und das Zuhälter-Milieu.

Eine packende Lebensgeschichte - aber nichts für zartbesaitete Gemüter die vor dem bösen F-Wort schon zurückschrecken.

Kurzbeschreibung des Buches: Biggi erwacht im Krankenhaus. Langsam kommt die Erinnerung zurück und sie sieht sich in ihrer Kindheit, geborgen in der Familie, erlebt die Schulzeit, ihre Jugend, bis zu einem einschneidenden Erlebnis in der 11. Klasse. Sie lernt „Kalle" kennen, der sie dazu bringt, für ihn die Schule zu „schmeißen". Er gaukelt ihr Liebe vor und bringt sie dazu, aus finanziellen Gründen Pornofilme zu drehen. Als das Geld so nicht ausreicht um ein ausschweifendes Leben zu führen, zwingt er sie zur Prostitution.

Buchdaten: BIGGI-Im Schatten der Nacht, Autor: Manfred Herrmann (Verlag tredition, Hamburg) Seitenanzahl: 220 ISBN: 978-3-86850-824-6 Bindung: Paperback Größe: 14,8 cm x 21,0 cm Erscheinungsdatum: 20.09.2010 – Euro: 16,99

Für jeden der sich mit der Zukunft unserer Gesellschaft gedanklich auseinandersetzen möchte, ist dieses Buch eine absolute Pflichtlektüre.

Wer sich aber vor den Schilderungen der einen oder anderen sexuellen Begebenheit ekelt, sollte dieses Buch nicht lesen - für alle anderen ist dieses Buch eine unkomplizierte und sehr spannende Lektüre, die einen typischen Lebenslauf einer Hure schildert. Klischee hin oder her, dieses Buch ist so authentisch dass es einem unter die Haut geht und dort für immer bleibt.

Gut, zugegeben, teilweise wird man beim Lesen dieses Buches schon mal ein wenig rot im Gesicht - so detailliert schildert der Autor Biggi's sexuelle Erlebnisse.

Mein Fazit: Das Buch ist absolut lesenswert - aber nichts für schwache Nerven! Ich ziehe meinen Hut- selten hab ich so ein offenes und toll geschriebenes Buch zu solch einem brisanten Thema „Prostitution" gelesen. TOP!

Scheherazades LOW CARB Rezepte (Autorin Jutta Schütz)
Verlag: Books on Demand - ISBN-13: 978-3735-7375-1-9
Low Carb ist eine kohlenhydratarme Ernährung (Diabetiker geeignet)

Rezepte aus diesem Buch (alle Rezepte sind für 2 Personen)

Große Buchreihe "SCHEHERAZADE"
Rezepte aus 1001 Nacht

Ein Autorenkreis widmet sich der orientalischen Kochkunst.
Viele verschiedene Autoren beteiligen sich nacheinander an diesem Groß-projekt, die auf einer Idee von der Autorin Jutta Schütz basiert. In der Einlei-tung erzählt die Autorin Schütz (in jedem Buch zu finden) kurz die Ge-schichte von Scheherazade. Sie basiert auf einer alten persischen Märchensammlung mit dem Namen Hezâr Afsâna, Tausend Mythen. An-schließend kommen die Rezepte des Autors.

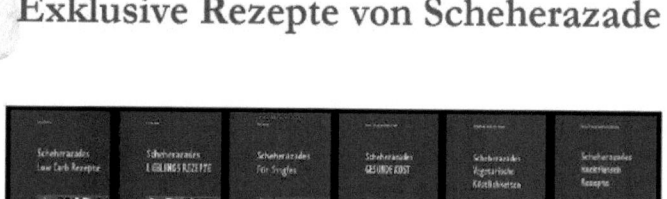

Scheherazades LOW CARB Rezepte (Autorin Jutta Schütz)
Verlag: Books on Demand - ISBN-13: 978-3735-7375-1-9

Scheherazades LIEBLINGSREZEPTE (Autorin: Heike Führ)
Verlag: Books on Demand - ISBN-13: 978-3735-7573-4-0

Scheherazades Rezepte für Singles (Eva Schatz)
Verlag: Books on Demand - ISBN-13: 978-3735-7506-0-0

Scheherazades Vegetarische Köstlichkeiten (Heike Führ & Jutta Schütz)
Verlag: Books on Demand - ISBN-13: 978-3735-7326-9-9

Scheherazades GESUNDE KOST (Jutta Schütz & Heike Führ)
Verlag: Books on Demand - ISBN-13: 978-3735-7328-0-4

Scheherazades Hackfleisch Rezepte (Katja Driemel & Jutta Schütz)
Verlag: Books on Demand - ISBN 978-3-7386-0369-9

Demnächst von der Autorin Sabine Beuke: Scheherazades verträgliche LOW CARB Küche
http://www.sabinebeuke.de/